YO ELIJO
Ser Considerado

YO ELIJO SERIE

ELIZABETH ESTRADA

Copyright 2024 por Elizabeth Estrada - Todos los derechos reservados.
Publicado e impreso en Estados Unidos.

Ninguna parte de esta publicación o de la información que contiene puede ser citada o reproducida en forma alguna mediante impresión, escaneado, fotocopia u otros medios sin permiso del titular de los derechos de autor.

Descargo de responsabilidad y condiciones de uso:
Se ha procurado que la información contenida en este libro sea exacta y completa. Sin embargo, el autor y el editor no garantizan la exactitud de la información, el texto y los gráficos contenidos en el libro debido a la naturaleza rápidamente cambiante de la ciencia, la investigación, los hechos conocidos y desconocidos e Internet.

El autor y la editorial no se hacen responsables por errores, omisiones o interpretaciones contrarias del contenido de este libro.

Este libro se presenta únicamente con fines motivacionales e informativos.

YO ELIJO
Ser Considerado

ELIZABETH
ESTRADA

Tengo sentimientos cálidos
El cuerpo y en la mente,
Especialmente cuando trato
A las personas amablemente.

Si alguien lo necesita,
Haré lo que pueda.
Estoy listo y dispuesto
A ayudar con cualquier prueba.

Hay docenas de formas
En las que quiero ayudar.
Así que he elegido algunas
De las que puedo hablar.

Puedo ayudar
Con las tareas del hogar,
Como poner la mesa
O el suelo barrer.

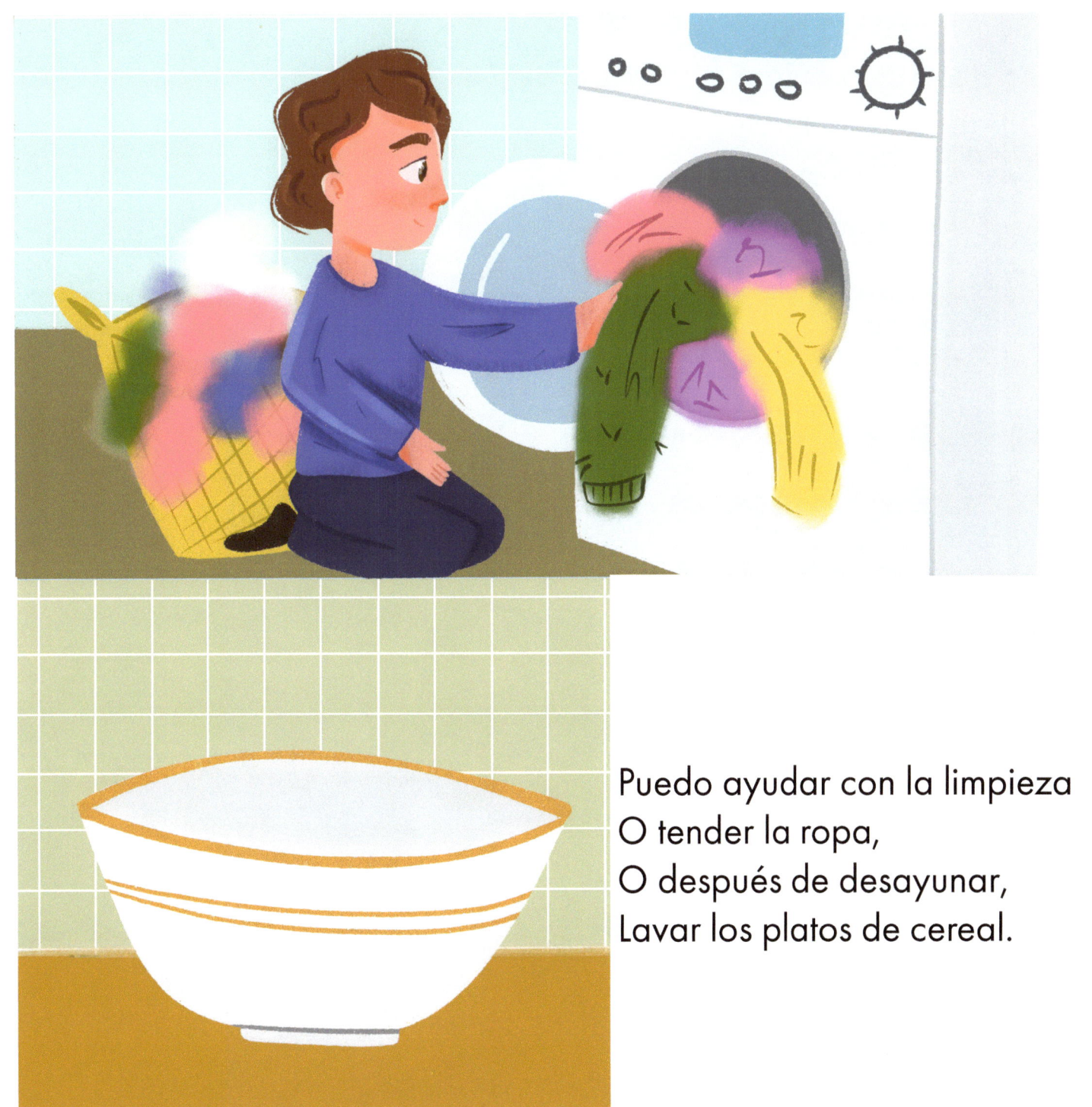

Puedo ayudar con la limpieza
O tender la ropa,
O después de desayunar,
Lavar los platos de cereal.

Puedo sacar la basura
Sin que me lo pidan,
O trabajar con mi papá
Cuando corta el pasto.

Puedo regar las flores
O arrancar las hierbas malas
O ayudar a cavar
O a plantar semillas.

Si mi hermano llora,
Como suelen hacer los bebés,
Puedo ayudarle con un abrazo
Y un par de cariños.

Si mi hermana tiene problemas
Con los deberes de la escuela,
Puedo ayudarla con facilidad.
Eso está muy bien.

Puedo asegurarme de que el conejo
Tenga suficiente comida.
Puedo sacar al perro
A pasear por las calles.

Seré cariñoso y generoso
En todos los sentidos.
"Eres increíblemente servicial",
Dirán mis padres.

Y no es sólo en casa donde
Puedo ayudar.
Hay muchas ideas en mi lista
Que no debo olvidar.

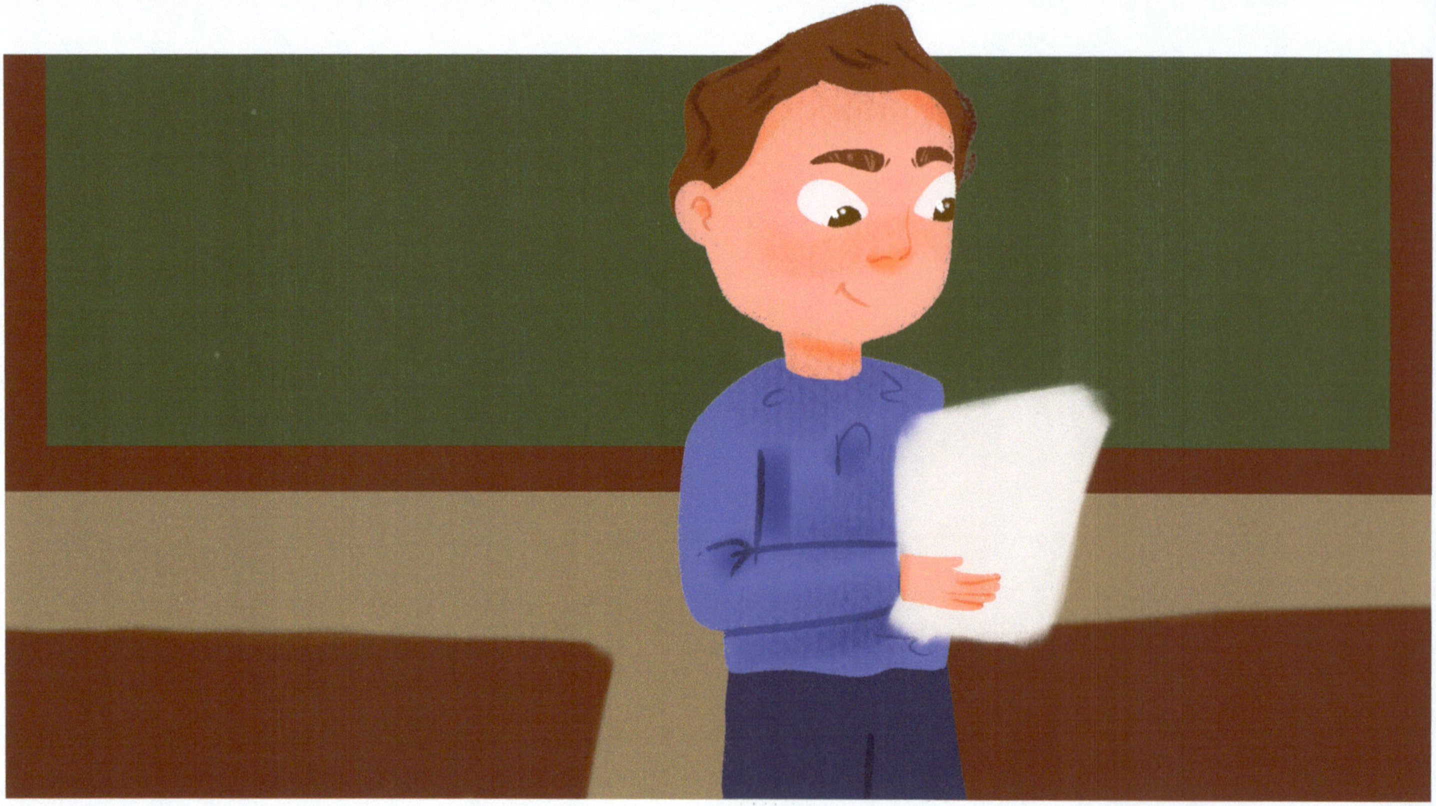

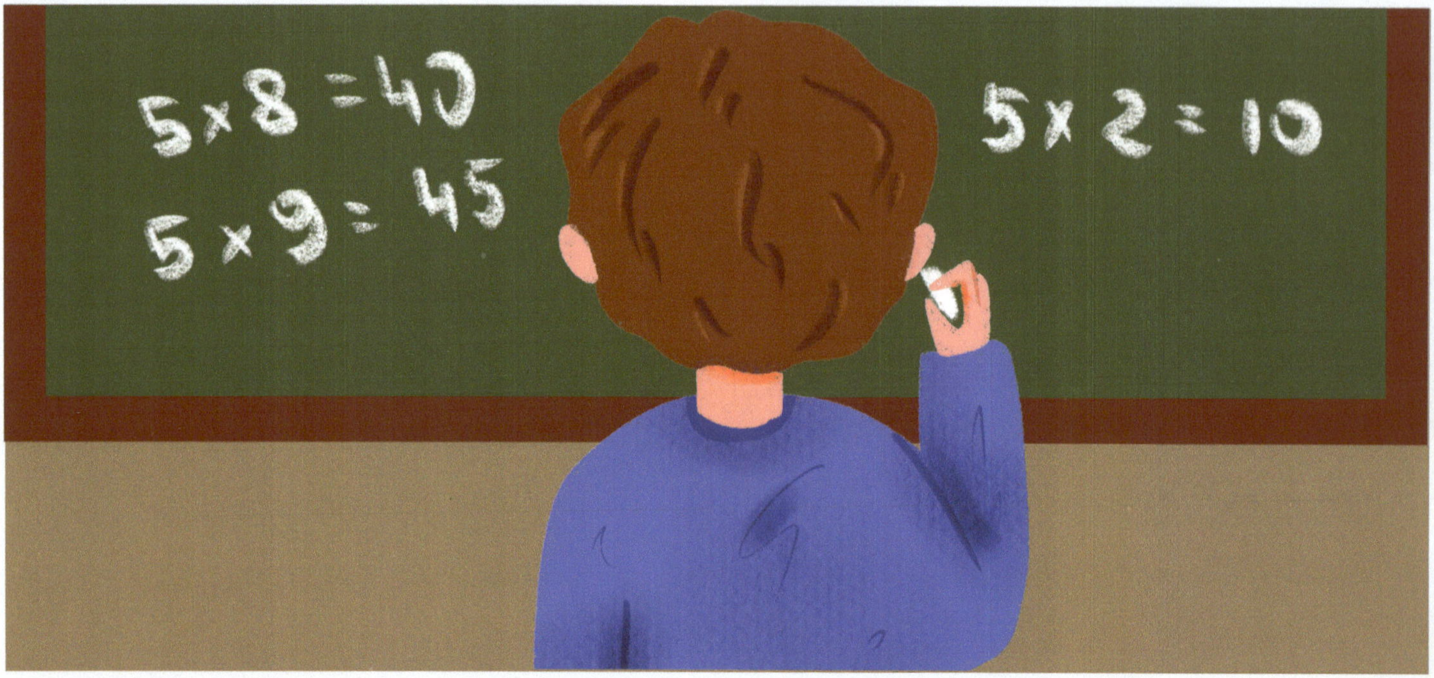
5x8 =40
5x9= 45
5x2=10

Puedo ayudar a mi profesor
Siempre que puedo.
Si hay que hacer algo,
Me ofrezco voluntaria.

Puedo hacerles unas galletas
O incluso una tarta.
Si les ayuda a sonreír,
Haré lo que haga falta.

Si un vecino necesita ayuda,
Iré enseguida.
Pero sólo, por supuesto,
Si mi madre dice que está bien.

Puedo cuidar de su hámster,
Su tortuga o su rana,
O recoger su correo
Del buzón de la carretera.

Si son viejos, o están enfermos,
O están heridos por una caída.
Puedo hacerles un recado,
Sin ningún problema.

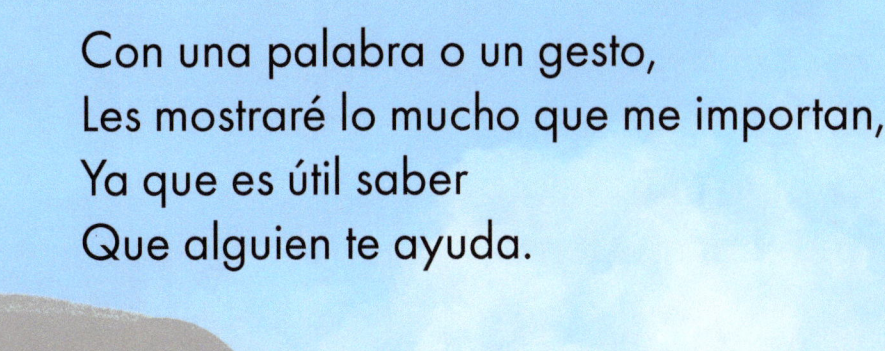

Con una palabra o un gesto,
Les mostraré lo mucho que me importan,
Ya que es útil saber
Que alguien te ayuda.

Ahora, ayudar a mi familia,
Profesores y amigos
Es algo maravilloso.
Pero aquí no termina.

Hay muchos que agradecerían
Mi ayuda; puedes apostarlo.
Como los millones de personas
Que ni siquiera he conocido.

Puedo ofrecer mi ayuda
A las niñas y niños
Que agradecerían recibir
Mis juguetes que ya no uso.

Puedo llevar mi ropa vieja
A una tienda de caridad
Y dársela a niños para
Que la puedan usar.

Los libros que he leído
Y ya no necesito,
Los donaré a la biblioteca
Para que otros los lean.

Puedo coger todo el dinero
De mi puesto de limonada
Y ayudar a alimentar
A los hambrientos en tierras lejanas.

Las cosas que puedo
Hacer son infinitas.
Yo Elijo Ser Considerado.
¿Y tú?

www.ingramcontent.com/pod-product-compliance
Lightning Source LLC
Chambersburg PA
CBHW041713160426
43209CB00018B/1817